Claude

ARCHITECTURE RELIGIEUSE ROMANE

ÉDITIONS OUEST-FRANCE
13, rue du Breil, Rennes

Avant-propos

L'art roman, né en France avant de gagner l'Europe entière, présente des origines complexes. Si l'on s'accorde à dire qu'il est issu de l'art romain (d'où son nom de roman) tout comme sont issues du latin les langues romanes, il s'est indéniablement enrichi d'apports orientaux (Arménie, Syrie, Byzance...), barbares (Celtes, Francs, Wisigoths d'Espagne, Vikings de Scandinavie...) et irlandais. Il constitue donc un art de synthèse, mais aussi un style à part entière, doté d'une grande unité et de caractères forts.

Bien que beaucoup de ses particularismes soient perceptibles dans certains édifices carolingiens, on s'entend à faire durer l'époque romane de la fin du Xe siècle au début du XIIIe, période propice à la reconstruction et à une restauration du sentiment religieux.

Ainsi en témoigne Raoul Glaber : « Vers la troisième année de l'an mil, les basiliques sacrées furent réédifiées de fond en comble, dans presque tout l'univers, mais surtout en Gaule et en Italie. C'était une émulation générale, parmi les peuples chrétiens, à qui élèverait les églises les plus belles et les plus riches ; on eût dit que le monde entier, d'un commun accord, avait dépouillé ses antiques haillons pour se couvrir d'une robe blanche d'églises. »

Les causes de ce renouveau sont multiples. Il convient de souligner en premier lieu l'influence majeure des ordres monastiques qui resteront jusqu'au milieu du XIIe siècle les seuls foyers intellectuels dans des institutions véritablement établies. Deux ordres puissants marquent l'art roman, et, sous l'impulsion de prélats à forte personnalité, dynamisent ce mouvement artistique : les Bénédictins de Cluny, grands amateurs d'art et de fastes liturgiques, qui sont à l'origine de somptueux monuments ; les Cisterciens de Cîteaux, qui, sous l'influence de saint Bernard, rejettent le luxe au profit d'une austérité extrême.

D'autre part, les Croisades apportent à l'art roman une contribution appréciable. Partis délivrer

Le chevet de l'abbatiale de Fontevraud (Maine-et-Loire) équilibre ses masses en une composition qui met en évidence sa structure intérieure (photo Patrice Giraud).

le tombeau du Christ des Infidèles, les Croisés rapportent de Terre sainte des connaissances nouvelles dans les domaines scientifiques (algèbre, astronomie, médecine...), ainsi qu'un goût nouveau pour le luxe et le raffinement. En même temps qu'ils défendent en Moyen-Orient les intérêts de la Chrétienté, ils admirent, étudient, s'imprègnent de l'art musulman, dont ils s'inspireront dès leur retour.

Ceux qui ne peuvent entreprendre le voyage à Jérusalem se pressent vers des sanctuaires renommés : Rome, Saint-Jacques de Compostelle, le Mont-Saint-Michel... Ces grands pèlerinages déversent sur les routes d'Europe des foules de fidèles, qui érigent sur leurs itinéraires un grand nombre d'« églises-étapes », aux vastes proportions : Saint-Martin de Tours (Indre-et-Loire), Saint-Pierre de Moissac (Tarn-et-Garonne), Vézelay (Yonne), Le Puy (Haute-Loire), Conques (Aveyron)... Ces églises de pèlerinage ne sont pas seulement lieux de prières : les pèlerins y dorment et y mangent, ils y traitent leurs affaires et changent leur argent tandis que marchands et changeurs, bateleurs et acrobates, montreurs d'ours et saltimbanques se mêlent à la foule des croyants.

Les pèlerins attaqués par les loups.
Détail d'une tapisserie de Notre-Dame.
Musée de Roncevaux.

Enfin, une paix relative favorise l'épanouissement des arts. Les Normands s'installant définitivement sur les côtes de la Manche, les dernières invasions sont enrayées. Par ailleurs, luttes et rivalités seigneuriales s'estompent, tandis que les premiers Capétiens esquissent un principe d'union nationale.

L'architecture religieuse romane symbolise la gratuité de l'art et la sincérité de la foi. Elle matérialise la ferveur de chrétiens, qui, d'origines, de fortunes ou de cultures pourtant différentes, ont uni leurs richesses, leur travail et leur talent au service de Dieu, sans même espérer voir leur nom gravé sur l'une des pierres du monument qu'ils élevaient. L'église romane est l'œuvre de chacun dans la mesure de ses moyens, œuvre collective et anonyme : aucun nom de généreux donateur ou de riche bienfaiteur, de maître d'œuvre ou de sculpteur habile ne vient, comme dans la cathédrale gothique, signer l'ouvrage.

Généralités

L'art roman ne fait pas table rase du passé : il s'inspire largement de la tradition latine, et assimile des éléments étrangers et des formes nouvelles. Essentiellement caractérisé par son architecture fonctionnelle, il trouve dans l'église un champ d'expression privilégié *.

Dans un premier temps, la conception architecturale de l'église reste sans prétention (Planche I). Elle se limite le plus souvent à reproduire les volumes et le plan des basiliques romaines (anciennes bourses de commerce ou palais de justice) : une *nef* unique et spacieuse, terminée par une *abside* semi-circulaire. Mais les constructeurs romans adaptent cet espace à l'accueil des fidèles et à leurs besoins cultuels : ils entourent l'*abside* d'un *bas-côté* tournant appelé *déambulatoire*, muni de petites chapelles rayonnantes (*absidioles*). Ils coupent la nef unique par un second vaisseau perpendiculaire (*transept*) et flanquent sa longueur de bas-côtés (*collatéraux*). Une tour (*clocher*), d'abord isolée de l'édifice, sera par la suite rattachée au transept ou à la façade : elle abrite les cloches et peut dans certains cas servir de refuge.

Mais, comme les basiliques romaines, les premières églises romanes, couvertes par des charpentes de bois, portent en elles leur propre principe de destruction : les incendies font peser sur elles une menace constante. Pour contrer cette redoutable fragilité, les maçons se substituent aux charpentiers et remplacent la couverture de bois par de solides voûtes de pierre. Première grande innovation de l'art roman, la voûte apparaît, en berceau, aux environs de l'an Mil, dans la crypte, avant de se déployer audacieusement au-dessus des chœurs, puis de couvrir les nefs dès le XIe siècle sous des formes multiples : voûtes d'arêtes, en berceau, coupoles...

La voûte devient donc l'organe fondamental de l'église, dont elle commande la structure. Solution satisfaisante au problème posé par le couvrement, la voûte engendre cependant un autre inconvénient : d'un poids considérable, elle développe une poussée latérale sur les murs qui la soutiennent, inconvénient qui nuit dangereusement à la stabilité de l'édifice et impose aux maçons de fortes contraintes.

Ceux-ci adoptent tout d'abord un plan compact et simple, assurant la cohésion et la solidité de l'ensemble. Les murs sont épais, les fenêtres rares et de petites dimensions. La nef principale et sa voûte sont contrebutées par des bas-côtés consolidés de puissants *contreforts*. Puis les constructeurs romans ne cesseront d'imaginer des modes d'épaulement efficaces et harmonieux, dont la multiplicité, autant que les voûtes elles-mêmes, constitue la richesse...

L'originalité de l'art roman consistera à mettre en place des principes généraux. Les bâtisseurs, attachés à leurs traditions architecturales, assujettis aux mentalités locales et tributaires de la nature des matériaux dont ils disposent, adapteront ces principes, marquant leur préférence pour tel type de couvrement ou d'épaulement, tel mode d'éclairage ou telle ornementation... Ces différences de choix constituent des caractères propres à chaque province : ce sont les **écoles régionales**, principalement de Bourgogne, Poitou, Auvergne, Périgord, Languedoc, Normandie, Provence, Ile-de-France et Rhénanie.

Pendant une grande partie du XIe siècle, l'architecture romane expérimente ses principes, et produit des édifices d'une facture encore hésitan-

* *Par souci de clarté, l'architecture militaire, particulièrement remarquable pendant cette période, sera analysée dans* L'Architecture du château fort, *du même auteur dans la même collection.*

Beaucoup d'églises romanes des environs de l'an mille n'étaient pas couvertes de voûtes, mais d'une charpente : Saint-Philbert-de-Grandlieu, en Loire-Atlantique (Xe-XIe siècles) (photo Marc Déceneux).

te et maladroite dont peu nous sont parvenus. À partir du XIIe siècle, forte de ses expériences, elle peut entreprendre, pendant une très courte période, des programmes plus ambitieux et produire de véritables chefs-d'œuvre. Mais, alors qu'ils accèdent à la perfection, les constructeurs romans voient leurs données architecturales se modifier : l'invention au milieu du XIIe siècle de l'ogive imprimera à leur génie une orientation tout autre. Un nouveau mode de couvrement apparaîtra : c'est la voûte d'*ogives*, ouvrant l'ère des grandes cathédrales gothiques.

CARACTÈRES généraux INTÉRIEURS

Le plan

L'architecture romane montre une grande variété dans le plan de ses églises. Directement inspiré des basiliques romaines et adapté aux édifices de grandes dimensions, le plan *basilical* dessine une croix latine, évoquant le Christ supplicié, et connaît un succès certain. En règle générale, les églises romanes sont « orientées » : le chœur est tourné vers l'est, pour des raisons de symbolisme solaire, tandis que la façade de la nef ou le *narthex* se trouvent à l'ouest. Dans cette formule, le *sanctuaire* s'achève par une abside hémisphérique, qui peut être précédée par une ou deux *travées* ; mais dans les églises de proportions modestes et chez les Cisterciens, c'est un mur droit qui l'achève. Un *déambulatoire*, approprié à la circulation des foules, encercle le *chœur*, et se garnit d'*absidioles* rayonnantes (leur nombre est de trois ou cinq, rarement pair). La chapelle axiale tend à prendre de l'importance : elle est consacrée à la Vierge, dont saint Bernard développe le culte.

Beaucoup d'églises sont munies d'un *transept* (la spectaculaire abbatiale de Cluny en présentait même deux). Fréquents, ils sont cependant sans relation avec l'importance de l'édifice : de modestes églises peuvent en présenter, tandis que d'autres, plus vastes, en seront dépourvues. D'ordinaire, les bras du transept s'achèvent par un mur droit, excepté dans les contrées rhénanes, où ils se terminent le plus souvent par une abside. Leur hauteur peut être inférieure à celle de la *nef*.

Quant à la nef, elle peut être unique comme c'est la règle dans la plupart des églises couvertes d'une file de coupoles, ou flanquée de collatéraux, ce qui reste la formule la plus usitée quelles que soient les dimensions de l'église.

Outre le plan *basilical*, le constructeur roman s'inspire du Saint-Sépulcre, pour ériger des édifices à plan *rayonnant*, ou à bas-côtés *annulaires* : Charroux (Vienne), Neuvy-Saint-Sépulcre (Indre), Sainte-Croix de Quimperlé (Finistère), Saint-Michel d'Entraygues (Charente), octogone de Montmorillon (Vienne). Beaucoup d'églises templières (Lanleff dans les Côtes-d'Armor) se rattachent à cette catégorie de constructions, ainsi que certaines chapelles funéraires (tour des Morts à Sarlat en Dordogne). Le plan à *quatre feuilles* est assez rare (Sainte-Croix de Montmajour dans les Bouches-du-Rhône). Le plan à *deux absides*, exceptionnel en France, se rencontre plus communément dans l'école rhénane (Saint-Godard d'Hildesheim en Allemagne), où il s'applique même aux églises modestes. On rencontre parfois le plan *tréflé* dans l'école rhénane, en Lombardie et dans le centre de la France. On s'étonnera du plan insolite de l'église de Planès (Pyrénées-Orientales) : un triangle équilatéral, dont chaque face présente une abside.

L'élévation

Les bâtisseurs romans mettent en œuvre les matériaux locaux : granit en Bretagne, pierre volcanique en Auvergne, calcaire sur les bords de Loire… et briques là où la pierre fait défaut. Lorsqu'ils peuvent se procurer des pierres de différentes couleurs, ils créent sur leurs élévations des ornementations polychromes. Le moyen *appareil*, constitué de blocs

Planche I

Les volumes

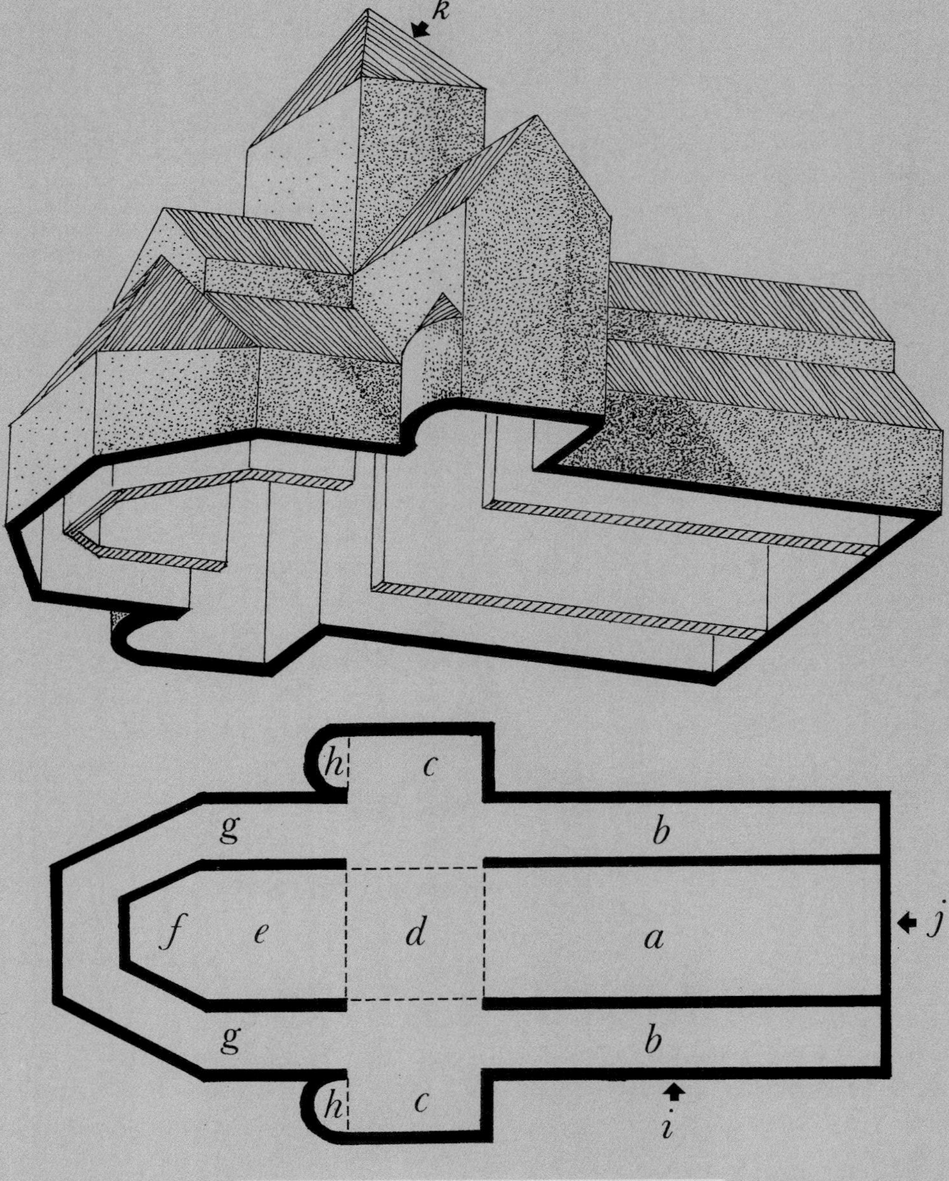

a - nef
b - bas-côté ou collatéral
c - transept
d - carré ou croisée des transepts
e - chœur
f - abside
g - déambulatoire
h - absidiole
i - mur-gouttereau
j - mur-pignon
k - clocher

bien équarris et soigneusement disposés, est le plus employé, qu'il soit régulier, irrégulier ou mixte. Le petit *appareil carré*, hérité de l'architecture romaine, persiste encore au début de l'époque romane, particulièrement dans le Centre, l'*appareil réticulé* dans le Sud-Ouest ; l'*appareil en épi* se rencontre au début du XIe siècle en Normandie. La nature des matériaux impose ses contraintes : dans les contrées où les pierres sont d'une dureté telle qu'on les taille difficilement (Bourgogne, Lyonnais), on privilégiera un appareil plus grand que dans les régions où abonde la pierre tendre (bords de Loire, Normandie).

La façade de l'église monastique de Fontenay (Côte-d'Or) met en évidence son plan intérieur : au pignon central correspond la nef centrale, tandis que les demi-pignons latéraux marquent la présence de deux bas-côtés (photo Hervé Champollion).

À l'intérieur, des colonnes ou piliers soutiennent les grandes arcades et séparent nef et collatéraux. Dans les édifices importants, les murs intérieurs présentent trois niveaux, le premier marqué par les grandes arcades séparant nef et collatéraux, le second par la *galerie*, le *triforium*, *le faux-triforium* ou la *tribune*, et le dernier par les fenêtres hautes. La *galerie* est un simple passage, circulation courant au-dessus des grandes arcades. Le *triforium* est une galerie ouvrant sur le vide de la nef par une série de petites arcades, tandis que le *faux-triforium* n'est qu'un décor d'arcades, sans passage. Les *tribunes* sont un espace plus large, couvrant parfois la totalité des collatéraux ; elles sont particulièrement fréquentes dans les églises de pèlerinage, dont elles accroissent sensiblement la capacité d'accueil. Une ou plusieurs voûtes couvrent l'édifice. Des piliers engagés renforcent les murs latéraux, épaulés à l'extérieur par de puissants contreforts.

Principe traditionnel dans l'architecture médiévale, on observe une concordance entre la structure et la forme : la façade d'une église rappelle ainsi sa conception intérieure ; une église à nef unique présentera en façade un pignon unique ; une église à nef et collatéraux d'égale hauteur présentera la même disposition, mais sa façade sera divisée en trois parties par des contreforts, entre lesquels s'ouvrira un portail ; dans une église à nef plus haute que ses collatéraux, la partie extérieure marquant la nef sera plus élevée et terminée par un pignon, tandis que les parties correspondant aux collatéraux seront plus basses et terminées par des demi-pignons... Nefs, absides, déambulatoires, absidioles rayonnantes, tours et clochers, dont la forme varie suivant les régions, sont autant de volumes nettement individualisés par des toitures qui leur sont propres. Ces dispositions, aux caractères harmonieux, perdureront pendant toute la période romane et gothique, soit plus de cinq siècles.

À Montmajour (Bouches-du-Rhône), la chapelle Sainte-Croix, érigée sur un plan quadrilobé ou à quatre feuilles (photo Hervé Champollion).

La voûte

Elle est formée de voussoirs, eux-mêmes constitués de pierres plates ou grossièrement taillées, saisies entre des lits de mortier . Masse compacte, relativement élastique mais pesante, elle développe une poussée considérable. C'est pourquoi les voûtes, souvent bâties de façon empirique, accusent parfois de sérieux tassements et de graves déformations.

L'architecture romane emploie différents types de voûtes : voûtes en berceau ou d'arêtes, coupoles circulaires ou octogonales et voûtes en cul-de-four couvrent progressivement à partir du XIe siècle la grande majorité des édifices. Lorsqu'elles ne sont pas voûtées, comme c'est souvent le cas en Normandie, les églises sont coupées par de grands *arcs diaphragmes* qui rythment les *travées* et portent la charpente.

La voûte en *berceau*, reposant sur deux murs parallèles, est formée d'un arc indéfiniment prolongé (plein cintre, surbaissé, outrepassé). Au XIe siècle, le berceau est généralement en plein cintre : il le sera encore au XIIe siècle en Auvergne et dans le Sud, tandis qu'il se brise en Bourgogne, Provence, Poitou (Pl. II. a, b).

Mais la voûte en berceau exerce une forte poussée sur ses supports, tendant à les écarter vers l'extérieur. Il est donc malaisé de donner de la hauteur aux nefs et de les éclairer par de larges baies. Dans les églises à nef unique, l'épaisseur des murs doublés de contreforts (Pl. III. a, b, c) suffit à assurer la stabilité de l'édifice. Le problème reste par contre entier dans les églises à collatéraux.

Au début de l'époque romane, le voûtement n'est pas encore parfaitement maîtrisé. Il en résulte de fréquentes déformations des voûtes et des arcs (Mont-Saint-Michel, dans la Manche : voûtes du bas-côté sud de la nef, du XIe siècle) (photo Marc Déceneux).

En Poitou, dans le Centre et le Midi, la nef est épaulée par la voûte des bas-côtés, eux-mêmes contenus par des murs extérieurs renforcés de contreforts (Pl. III. e) : Notre-Dame-la-Grande à Poitiers (Vienne), Aulnay (Charente-Maritime), Saint-Savin (Vienne)…

En Auvergne et en Languedoc, on neutralise la poussée de la nef en élevant au-dessus des collatéraux des tribunes couvertes d'un demi-berceau (Pl. III. d).

Dans certaines églises, on remplace le berceau longitudinal de la voûte par une suite de berceaux transversaux, se contrebutant réciproquement (Pl. III. f) : les murs latéraux ainsi libérés de toute poussée, on peut les percer sans difficulté de fenêtres. Dans le Centre et le Sud-Ouest (Ronceray à Angers en Maine-et-Loire, Maillezais et la Caillère en Vendée, Châtillon-sur-Seine en Côte d'Or), on applique cette disposition au-dessus des collatéraux, qui s'opposent ainsi efficacement à la poussée de la nef (Pl. III. g).

On observe deux types de voûte d'*arêtes* : la voûte d'*arêtes* régulière, obtenue par le croisement de deux berceaux, et la voûte d'*arêtes* à clef surélevée, de forme bombée (Pl. II. c, d). On peut individualiser les travées par des arcs-doubleaux, qui masquent les raccords et soutiennent les voûtes. Contrairement aux *berceaux*, la voûte d'*arêtes* ne nécessite pas une muraille latérale continue pour la porter : elle repose sur quatre points de support, situés au pied des retombées et qu'il convient d'épauler efficacement pour assurer la stabilité de l'ensemble. La voûte d'arêtes permet donc de réduire sensiblement l'épaisseur des murs : perdant leur fonction de support, ceux-ci deviennent une clôture que l'on peut évider de fenêtres larges et nombreuses.

Malgré ces avantages, les bâtisseurs romans lui préfèrent les berceaux pour la nef (sauf en Bourgogne, Centre et Languedoc), et réservent la voûte d'arêtes aux cryptes et bas-côtés.

La voûte en coupole peut être de section circulaire, elliptique ou octogonale (Pl. II. e, f). Elle est généralement établie sur un plan carré ou rectangulaire, délimité par des supports (murs ou piliers). Un système de rachat (*pendentifs, trompes, encorbellements)* permet de passer du plan carré ou rectangu-

Planche II

La voûte

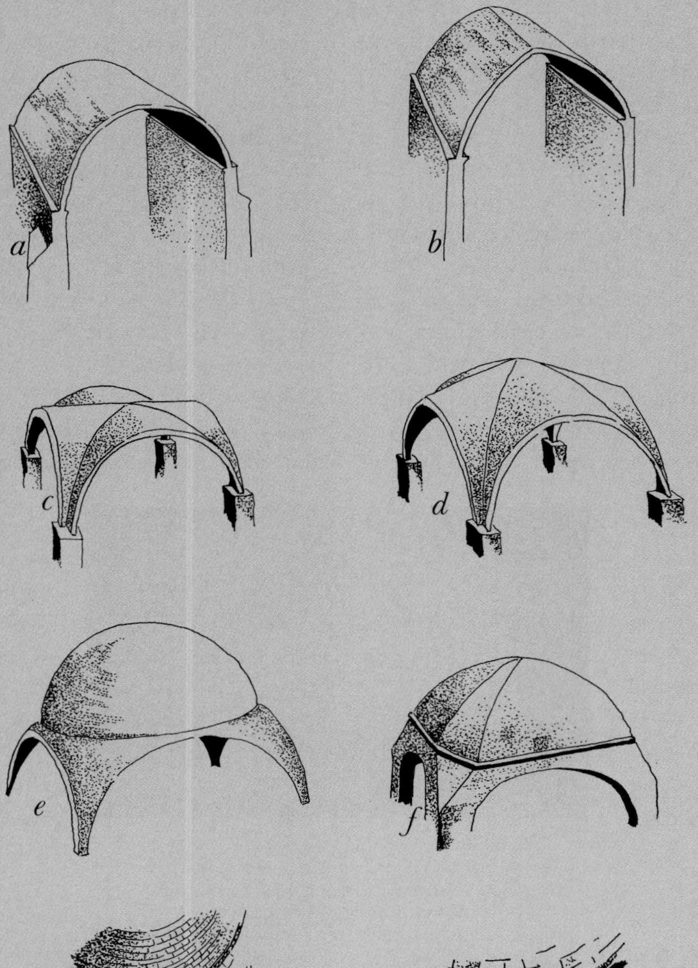

a - berceau plein cintre	e - coupole circulaire
b - berceau brisé	f - coupole octogonale
c - voûte d'arêtes	g - pendentif
d - voûte d'arêtes bombée	h - trompe

Planche III LE CONTREBUTEMENT

a, b, c - contreforts
d, e, f, g - contrebutement par la disposition des voûtes

laire des supports au plan circulaire, elliptique ou octogonal de la coupole (Pl. II. g, h). Circulaire, la coupole est le plus souvent établie sur pendentifs, tandis qu'octogonale, elle repose sur des trompes. Elle peut également être établie sur un *tambour*, circulaire ou octogonal, percé de fenêtres : l'ensemble prend alors le nom de *tour-lanterne*.

L'usage de la coupole romane pour couvrir les nefs s'est limité aux églises du Périgord, Gascogne, Saintonge et Aquitaine ; il est cependant extrêmement courant dans les autres régions au-dessus du carré du transept.

La voûte en *cul-de-four* est constituée d'une demi-coupole : elle recouvre généralement les absides et absidioles.

Les arcs

Le plein cintre est l'arc le plus prisé durant l'époque romane et peut présenter différents tracés (Pl. IV. 1) : demi-cercle, surbaissé, surhaussé, outrepassé, ce dernier révélant une influence arabe, tout comme l'emploi de claveaux de différentes couleurs (Vézelay dans l'Yonne). Les arcs *festonnés* (Pl. IV. 1g) trahissent un héritage oriental (Notre-Dame de Celles-sur-Belle, Saint-Médard à Thouars dans les Deux-Sèvres). Pour sa part, l'arc brisé n'est pas, comme on le croit trop souvent, l'apanage exclusif de l'architecture gothique : s'il est rare avant le XIIe siècle, on l'observe dans nombre d'édifices romans : Notre-Dame-la-Grande à Poitiers (Vienne), Le Puy (Haute-Loire), Cahors (Lot), Autun (Saône-et-Loire)...

Les supports

L'architecture romane imagine une multitude de formes pour ses supports. La colonne monocylindrique est le plus souvent réservée aux cryptes et déambulatoires. Dans d'autres parties de l'église, le simple pilier massif, rond, carré ou rectangulaire, formé d'assises superposées, est un type fort répandu, mais la formule ordinaire consiste en un pilier formé par un noyau central, dans lequel s'engagent en nombre varié des *pilastres* ou des demi-

La nef de Vézelay (Yonne), couverte d'un berceau plein cintre à doubleaux. Noter pour ceux-ci l'emploi de claveaux de couleurs différentes (photo Hervé Champollion).

colonnes, correspondant aux retombées des grandes arcades, doubleaux, arêtes (Pl. IV. 2, 3)...

Les cryptes

Elles sont légion pendant toute la période romane, indépendamment de la taille des églises, et présentent des formes variées. Souvent, elles ne s'enfoncent que peu dans le sol : il en résulte que le sanctuaire, auquel on accède par quelques marches, est légèrement surélevé (Saint-Hilaire de Poitiers, Vouvant en Vendée...).

Elles reprennent généralement le plan du sanctuaire, avec son abside et ses absidioles (Notre-Dame du Port à Clermont-Ferrand en Puy-de-Dôme). Certaines sont aménagées sous le bras du transept (Saint-Eutrope à Saintes, le Ronceray à Angers) ; d'autres, plus rarement, s'étendent sous la nef (Saint-Gilles dans le Gard) ou sous les bas-côtés (Chartres en Eure-et-Loir)... Les cryptes sont toujours couvertes de voûtes, le plus souvent d'arêtes, établies sur des colonnes ou piliers massifs.

Planche IV Les arcs, les supports, les bases

1

1 - LES ARCS :

a - plein cintre
b - surhaussé
c - en mitre
d - à claveaux polychromes
e - outrepassé ou en fer à cheval
f - brisé
g - arc festonné

2 - LES SUPPORTS :
a, b, c - supports à pilastres rectangulaires
d - faisceau de colonnettes
e - pilastres rectangulaires et demi-colonnes engagées

2

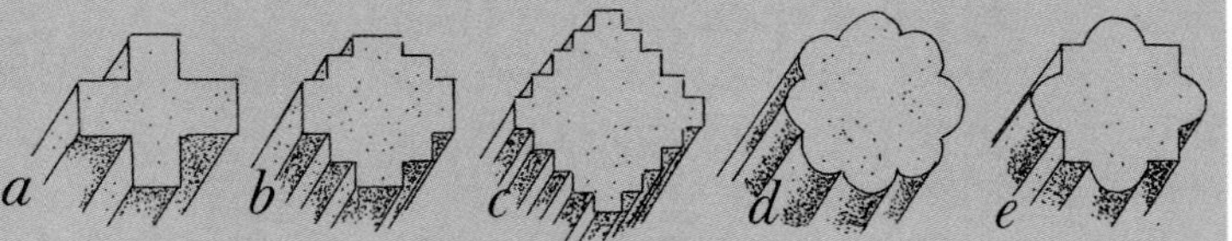

3 - LES BASES :
a et b - bases romanes types
c - base romane à griffes

3

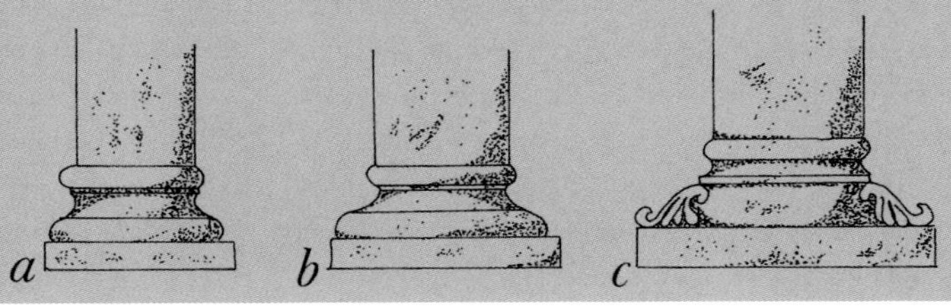

CARACTÈRES généraux EXTÉRIEURS

Tympan du portail de Moissac (Tarn-et-Garonne) : Dieu, trônant et bénissant, est entouré des symboles des Évangélistes et des vingt-quatre Vieillards de l'Apocalypse (photo Éric Cattin).

Les fenêtres

Afin de ne pas nuire à leur stabilité, la plupart des édifices romans présentent des fenêtres rares et de dimensions modestes. Cette règle générale trouve cependant des exceptions dans le Centre et le Languedoc, et surtout en Bourgogne, où elles sont de bonnes dimensions. Les fenêtres romanes peuvent être isolées ou groupées par deux ou trois, et, sauf exception, sont fermées par des vitraux ou par des châssis de bois vitrés, ainsi qu'en témoignent les feuillures qu'elles comportent généralement. Par contre, elles ne présentent qu'exceptionnellement des clôtures de pierre ajourées.

Pour que la lumière puisse pénétrer à l'intérieur de l'édifice malgré l'épaisseur des murs, l'étroitesse et la rareté des ouvertures, on a recours à l'*ébrasement*. Ce procédé, déjà connu dans nombre d'édifices latins et généralisé dans l'architecture romane, consiste à percer les baies de façon à ce que leurs parois latérales, appuis et couvrement s'élargissent de l'extérieur vers l'intérieur. S'appliquant le plus souvent aux deux faces d'un mur, l'*ébrasement* est toujours plus marqué à l'intérieur (Pl. V. 1). Pour un plus grand effet ornemental, on peut ébraser les parois et les appuis au moyen de ressauts successifs.

Le portail

Les portes romanes présentent des caractéristiques identiques à celles des fenêtres. Leur *ébrasement* est fortement accentué, mais de l'intérieur vers l'extérieur. Cet ébrasement est obtenu par des ressauts successifs rectangulaires, dont les angles rentrants sont garnis de colonnettes. À ces ressauts et colonnettes correspondent des arcs de couvrement concentriques, les *voussoirs*, sur lesquels on applique dans certaines régions une ornementation foisonnante. L'ensemble des voussoirs prend le nom d'*archivolte* (Pl. V. 3).

Entre le *linteau* et l'*archivolte*, une large surface *(tympan)* invite les sculpteurs à exercer leur art, ainsi que le pilier central *(trumeau)*, partageant parfois le portail en deux ouvertures (Pl. V. 3).

Quelques portails remarquables : Moissac (Tarn-et-Garonne), Charlieu (Loire), Saint-Trophime d'Arles (Bouches-du-Rhône), Conques (Aveyron)...

Les porches

Modestes appentis couvrant le portail ou galeries appuyées sur toute la longueur de la façade, simples *voussures* profondes ou véritables édifices jouxtant l'église, les porches proposent des volumes et des plans multiples. Certains comptent plusieurs *travées* formant *narthex* ; ce type se rencontre fréquemment en Bourgogne : Charlieu (Loire), cathédrale d'Autun et Paray-le-Monial (Saône-et-Loire), Vézelay (Yonne)... L'ancienne abbatiale de Cluny offrait un porche de cinq travées. Quelques porches supportent même un ou

Planche V

La baie

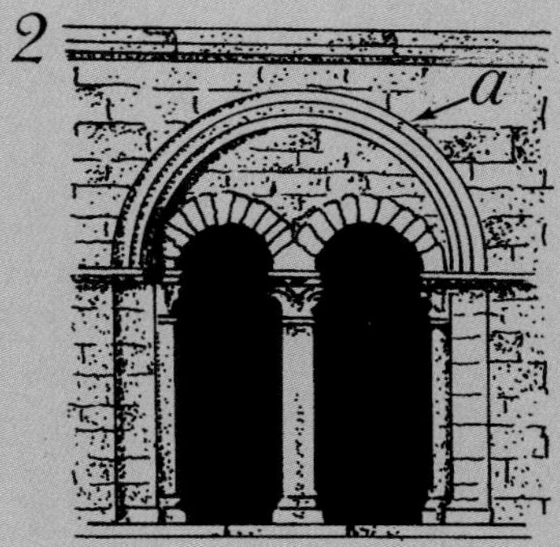

1 - FENÊTRE ROMANE :
élévation, coupe, plan

2 - FENÊTRES GÉMINÉES :
surmontées d'un arc de décharge (a)

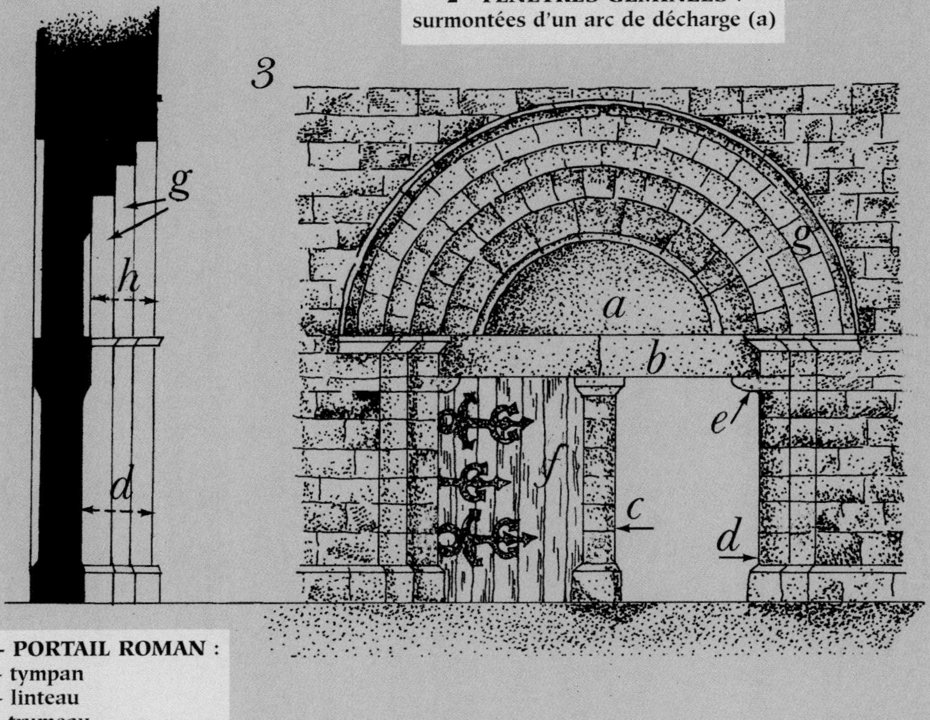

3 - PORTAIL ROMAN :
a - tympan
b - linteau
c - trumeau
d - piédroit
e - corbeau
f - vantail
g - voussure
h - archivolte

L'ÉGLISE ROMANE

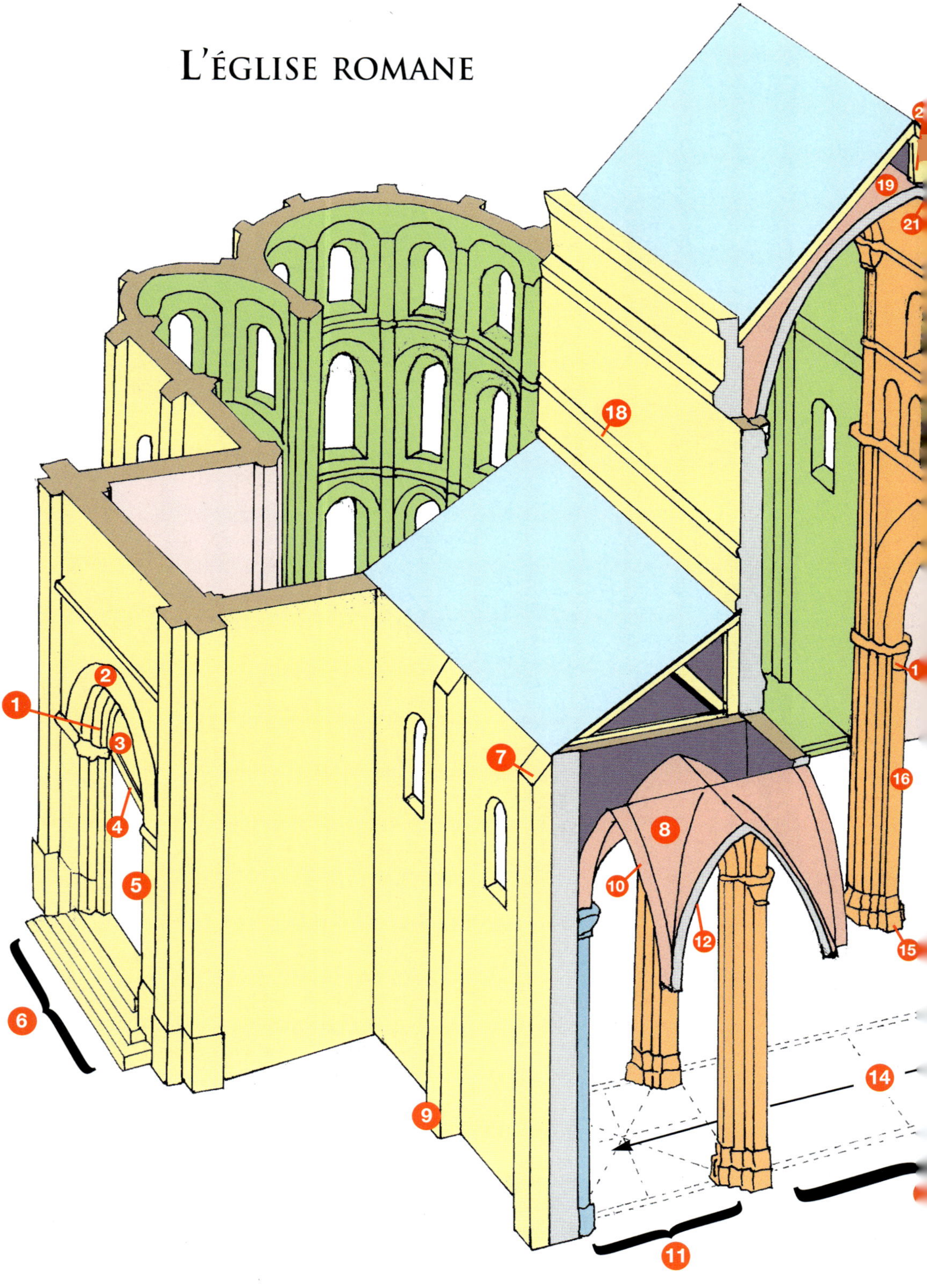

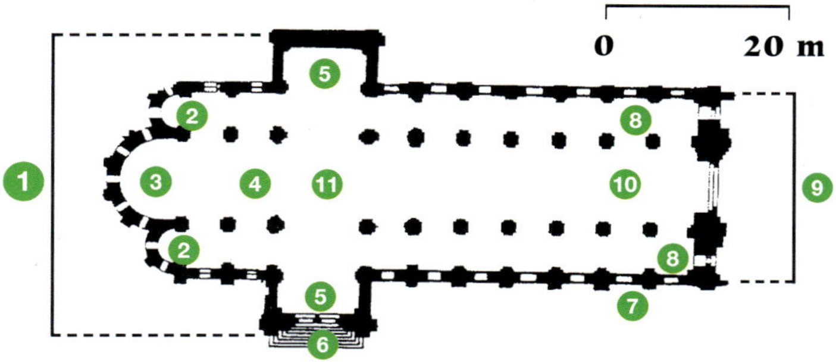

PLAN

1. Chevet
2. absidiole
3. Abside
4. Chœur
5. Transept
6. Portail latéral
7. Mur-gouttereau
8. Collatéral ou bas-côté
9. Mur-pignon
10. Nef
11. Croisée des transepts

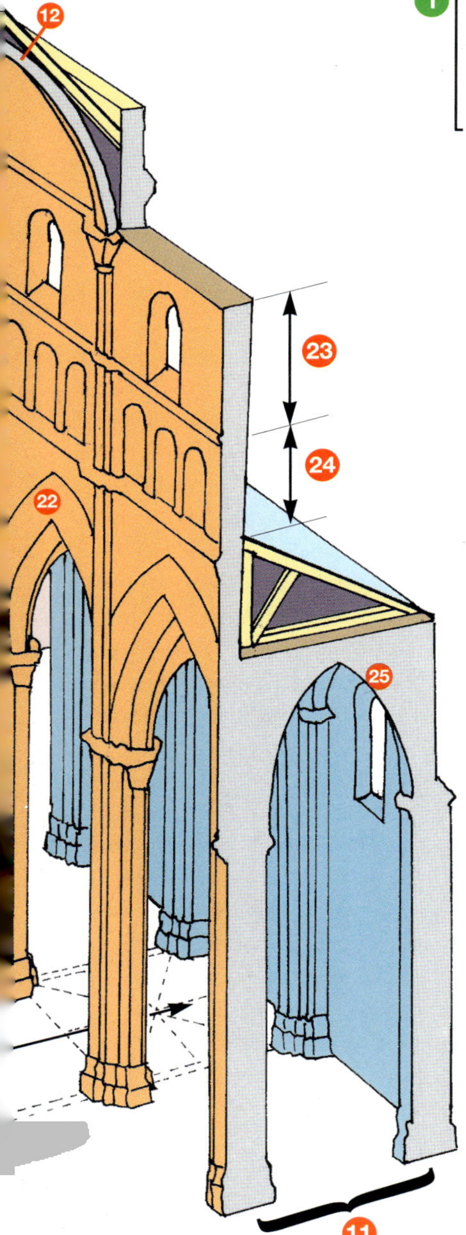

COUPE

1. Archivolte
2. Arc en plein cintre
3. Tympan
4. Linteau
5. Piédroit
6. Portail latéral
7. Glacis
8. Voûte (d'arêtes)
9. Contrefort
10. Arc formeret
11. Bas-côté ou collatéral
12. Arc doubleau
13. Nef
14. Travée

Colonne :

15. Base
16. Fût
17. Chapiteau
18. Ressaut
19. Voûte (berceau brisé)
20. Charpente
21. Comble
22. Grande arcade
23. Fenêtres hautes
24. Faux triforium
25. Arc brisé

L'abside de l'église de Morienval (Oise), encadrée par deux tours (photo Hervé Champollion).

plusieurs étages, que surmonte parfois un clocher (Saint-Benoît-sur-Loire dans le Loiret, Saint-Léger à Ébreuil dans l'Allier).

Les contreforts

Leur rôle primordial est d'assurer le raidissement des murs et la stabilité de la voûte en s'opposant à sa poussée. Ils prennent la forme d'un *pilastre* massif en forte saillie, d'une colonne engagée, voire d'un faisceau de colonnettes, comme dans le Sud-Ouest, où ils concourent à l'ornementation des façades (Notre-Dame-la-Grande à Poitiers, Vouvant en Vendée). Ils sont généralement couverts d'un *glacis* (Pl. III. a, b, c).

Les clochers et tours

Les clochers peuvent se situer en des emplacements divers : sur la façade, au-dessus de la nef, à la croisée des transepts...

Aux premiers temps de l'époque romane, certains clochers étaient même isolés de l'église. Dans le Sud-Ouest, ils sont généralement établis au-dessus du carré des transepts ; en Auvergne, souvent, on trouve à la fois un clocher en façade et une tour-lanterne centrale (Brioude en Haute-Loire, Notre-Dame-du-Port à Clermont-Ferrand) ; en Normandie, les églises importantes comptent souvent deux tours en façade et un clocher sur la croisée des transepts (Saint-Pierre et la Trinité de Caen en Calvados).

Formule la plus modeste, le clocher-mur ou clocher-arcade s'applique généralement aux petites églises rurales et aux chapelles prieurales : il est réduit à un simple pan de mur au pignon aigu, percé d'une ou de plusieurs arcades abritant les cloches.

Le clocher à section carrée sur toute sa hauteur est le plus répandu : massif et peu ouvert à la base, ajouré en partie supérieure d'une ou plusieurs rangées de baies isolées ou groupées par deux ou trois, il peut parfois servir de donjon.

Pour sa part, la flèche octogonale est souvent établie sur une base octogonale. Mais on la trouve aussi au-dessus d'une tour carrée : la transition du carré à l'octogone s'effectue à l'intérieur, au moyen de *trompes*. En Auvergne, Limousin et dans le Midi, elle est généralement posée sur un tambour octogonal percé de baies.

Dans le nord de la France, un toit à deux pentes (ou en *bâtière*) coiffe le clocher ; dans le Midi, il est couvert d'une terrasse armée de *créneaux*. Dans le Sud-Ouest, il est de forme carrée, surmonté d'une flèche conique ou ovoïde habillée d'imbrications de pierre. Certains clochers sont terminés par une pyramide ou une flèche à quatre pans, couverts le plus généralement d'une charpente.

Lorsqu'il est couvert de tuiles, il présente peu d'élévation, tandis que dans les régions où l'on utilise le plomb et l'ardoise, il montre plus d'acuité. D'autre part, les clochers couverts de pierre ne sont pas rares dans le Centre, la Normandie, l'Ile-de-France.

Quant aux toitures des églises, elles ne présentent que peu de hauteur, et leur pente ne dépasse qu'exceptionnellement 45 degrés.

Le décor

On ne peut négliger, dans l'analyse et l'appréciation des constructions romanes, le décor, qui, sous des formes multiples, reste étroitement associé à l'architecture romane. Outre sa valeur plastique, il constitue un véritable enseignement pour les fidèles, souvent illettrés : sensibles à son message visuel, ils y lisent la Bible, traitée dans un langage coloré et symbolique, compréhensible de tous. Sculpture, vitrail, peinture murale… sont autant de disciplines où les artistes romans ont su révéler leur talent. Pétris d'art antique ou byzantin, ils s'enhardissent pourtant à concilier traditions et innovations dans leur production. Forts d'un remarquable sens de l'ornementation, ils n'oublient pas que celle-ci doit rester en harmonie avec la structure même de l'édifice pour exprimer sa pleine valeur. Les pages qui suivent présentent succinctement les procédés utilisés par ces artistes.

La sculpture ornementale

À l'art gréco-romain, le sculpteur roman emprunte les feuilles d'eau et rais de cœur, perles rondes, allongées, ou fendues en croix, méandres et denticules, rosaces et rinceaux, figures mythologiques telles que sirènes et centaures.

Ces motifs, reproduits avec exactitude en Provence, sont traités avec plus de liberté au fur et à mesure que l'on s'éloigne des contrées méditerranéennes, berceau de l'art antique. Nattes, entrelacs, triangles, dents de scie, étoiles, rosaces, têtes d'oiseaux à becs crochus… trahissent un héritage franc et carolingien. Rapportés par les pèlerins et les marchands, riches étoffes damassées, ivoires sculptés, orfèvrerie ciselée attestent une influence orientale que l'on discerne au travers des bandeaux de cannelures anguleuses, rinceaux, palmettes, feuilles d'acanthes, billettes, baguettes, damiers. D'influence orientale et byzantine encore sont les griffons, panthères, lions et éléphants, affrontés, adossés ou mêlés aux feuillages. *Modillons* à copeaux (Pl. VII. c), arcs festonnés (Pl. III. g) et *claveaux* de couleurs différentes (Pl. IV. 1. d) traduisent une influence arabe.

Le sculpteur roman affectionne donc ces motifs anciens, qu'il combine souvent, dans des compositions originales, avec des créations pures, telles que fleurettes à quatre pétales et pointes de diamant (Pl. VI). Mais à partir du XIIe siècle, maître de son art, il s'affranchit progressivement des modèles anciens et trouve dans la nature vivante une source d'inspiration nouvelle et inépuisable.

Façade occidentale de la cathédrale d'Angoulême (Charente), détail. La frise dite « de Roland » évoque la prise de Saragosse par les croisés, à laquelle la noblesse du Poitou et de l'Angoumois apporta une large contribution (photo Michel Ogier).

La statuaire

La sculpture mérovingienne et carolingienne tombée en décadence, le sculpteur roman doit réapprendre les traditions oubliées. C'est pourquoi la statuaire du XIe siècle, bien que très décorative, est d'une exécution encore toute naïve. Mais la grande sincérité et le sentiment religieux qui s'en dégagent compensent ses maladresses.

D'une façon générale, l'imagier roman reste copiste, et s'inspire de modèles byzantins, d'enluminures, d'ivoires sculptés ou de somptueuses étoffes. Dans le Midi, il reprend les modèles gallo-romains ; en Bourgogne, il s'inspire plus fréquemment de la nature.

Tant qu'il ne maîtrise pas son art, le sculpteur roman hésite à entreprendre une sculpture isolée ou des figures en forte saillie. Les proportions sont encore incertaines : ses personnages peuvent être d'une taille insuffisante ou au contraire exagérée ; les pieds, souvent verticaux, paraissent parfois ne pas toucher le sol. Si l'exécution d'un détail morphologique lui pose un problème, le sculpteur tend à en accentuer l'importance, d'où les mains souvent trop longues, les têtes disproportionnées... Les vêtements, enserrant les corps à la manière de bandelettes, montrent des plis nombreux enroulés concentriquement.

Cependant, on trouve dans certaines églises (Vézelay dans l'Yonne, Autun en Saône-et-Loire, Beaulieu en Dordogne, Moissac en Tarn-et-Garonne) de remarquables sculptures, animées d'un mouvement vigoureux.

Les écoles de sculpture les plus originales de l'époque romane sont celles de Provence, Poitou, Auvergne, et surtout Languedoc et Bourgogne.

La peinture murale

La peinture murale, d'un usage courant aux XIIe et XIIIe siècles, emprunte aussi ses techniques à la peinture byzantine. Les couleurs, peu intenses, sont appliquées « à fresque » sur un enduit à la chaux encore humide qui en séchant assure leur bonne tenue : le rouge et le jaune dominent avec quelques nuances de vert, rose et blanc.

Généralement, colonnes et piliers sont ornés de teintes en aplat, motifs géométriques ou imitation de marbres. Dans les parties basses de l'édifice peuvent figurer des draperies stylisées sans relief. Les figures isolées et les grandes compositions trouvent leur place dans les parties hautes et les voûtes, qui offrent d'amples surfaces.

L'église de Saint-Savin-sur-Gartempe (Vienne) montre un exceptionnel ensemble de fresques romanes. La scène ci-dessus illustre la construction de la tour de Babel (photo Michel Ogier).

Le peintre roman se cantonne le plus souvent à la reproduction de modèles conventionnels : suivant la tradition byzantine, un Christ en majesté, assis et bénissant, dans une auréole en forme d'amande appelée *mandorle*, occupe la voûte de l'abside ; lorsque l'église est consacrée à la Mère de Dieu, c'est une Vierge à l'Enfant que l'on observera.

Les personnages figurent souvent sur un fond clair ou un semis d'arabesques ; des hachures d'ocre rouge marquent les plis des vêtements et des traits blancs suggèrent les reliefs. Comme dans la statuaire, les draperies soulignent les lignes du corps, se plaquent contre les membres, se retroussent vers le bas en tourbillonnant.

Le peintre suggère plus qu'il ne figure le paysage servant de fond à sa composition, le réduisant à sa plus simple expression : une silhouette d'arbre, une petite construction rudimentaire, une ondulation du terrain... D'ailleurs, les peintures murales sont destinées à être vues de loin par un grand nombre de personnes, placées en des lieux différents : aussi le modelé et la perspective ne préoccupent-ils que rarement l'artiste.

Parmi les peintures murales les plus significatives de cette époque, citons celles de Saint-Savin et Saint-Jean de Poitiers (Vienne) ; Montoire (Loir-et-Cher) ; Vic (Indre); Berzé-la-Ville (Saône-et-Loire).

Le vitrail

Injustement, l'art du vitrail est associé à l'époque gothique et à ses cathédrales, mais c'est pourtant lors de l'époque romane qu'il atteint une perfection jamais dépassée.

Les vitraux romans sont constitués de panneaux ronds ou carrés, que des petites ligatures de plomb lient à des armatures métalliques scellées dans les ébrasements des fenêtres. Chaque panneau est formé de morceaux de verre insérés dans

Planche VI SCULPTURE ORNEMENTALE

1 - feuilles d'eau, oves, rais de cœur
2 - rosaces, perles fendues, rosaces à 4 pétales
3 - échiquier ou damier, billettes, imbrications
4 - cannelures anguleuses, rinceaux, étoiles
5 - rubans, grecques, denticules
6 - chevrons, frettes, dents de scie
7 - nattes, entrelacs, étoiles
8 - festons, besants, godrons
9 - têtes de clous
10 - torsade

des tiges de plomb rainurées. Le verre, coloré dans la masse, donne au vitrail roman des tons translucides et éclatants où dominent le bleu, le jaune, le vert et le rouge.

Le verrier représente des figures isolées ou des scènes qu'il tire le plus souvent de l'Ancien et du Nouveau Testament. Il inscrit ces scènes dans de petits médaillons carrés ou ronds, accolés ou disposés sur un fond coloré. Enroulements et feuillages stylisés sont agencés en bordures décoratives, et entourent les compositions. Le dessin et le modelé restent rudimentaires et maladroits, mais ces imperfections sont peu sensibles du fait de la hauteur où est placé le vitrail.

Chartres. Détail du vitrail central de la façade occidentale. En haut, Hérode et deux scribes dans son palais. En dessous, la Visitation, XIIe siècle (photo Hervé Champollion).

Les vitraux romans sont relativement rares ; les plus remarquables sont ceux des cathédrales de Poitiers, Le Mans, Angers, de la façade occidentale de Chartres, de l'église de la Trinité à Vendôme…

On notera une technique particulière du vitrail : les Cisterciens, bannissant le luxe et le décor, adopteront des vitraux incolores ou faiblement teintés ; le réseau de plomb façonné en fleurs, palmettes, entrelacs, offrira à lui seul un effet décoratif subtil (église d'Obazine en Corrèze et de Bonlieu dans la Creuse).

Le pavement

S'ils utilisent encore les pavements de mosaïque, les constructeurs romans font également appel à d'autres techniques. Ils pavent les nefs de grandes dalles de pierre, souvent ornées d'incrustations ou de motifs gravés, dont ils garnissent les creux de mastics colorés. Cette polychromie cependant est éphémère, et s'efface facilement sous les pas des fidèles.

Un autre procédé consiste à imprimer sur un carreau d'argile encore fraîche une figure, dont le creux est rempli d'un *engobe*, généralement une terre blanche. On badigeonne ensuite le tout d'un sel de plomb, qui, après cuisson, forme un vernis jaunâtre. Chacun des carreaux porte un motif qui se suffit, ou un fragment de motif (l'assemblage de plusieurs carreaux, à la manière d'un puzzle, révèle alors un sujet complet). Ces carreaux historiés produisent un pavement à l'effet ornemental heureux, bien que d'une grande fragilité.

Les thèmes traités dans les pavements sont des plus variés : scènes de l'Ancien et du Nouveau Testament, allégories… mais aussi scènes ou animaux fabuleux, tirés de fabliaux et de bestiaires, et dont le clergé souvent proscrit la présence dans les lieux sacrés.

Le décor d'architecture

Le portail roman d'Aulnay-de-Saintonge (Charente-Maritime), dont chaque claveau est orné d'un personnage ou d'un animal fabuleux, est d'un type courant dans l'école poitevine (photo Michel Ogier).

Les voussures des portails, peu nombreuses au XIe siècle, se multiplient à partir du XIIe siècle, et se couvrent progressivement d'une riche ornementation sculptée. Le Centre privilégie les *intrados* (surface intérieure d'un arc) festonnés ; la Normandie les étoiles, frettes crénelées, zigzags ; le Sud-Ouest affectionne les animaux fantastiques, palmettes, perles fendues en croix ; le Languedoc, les billettes, têtes de clous, la Bourgogne, les rosaces romaines…

Les tympans reçoivent une ornementation sculptée en fort relief : visions apocalyptiques sur les façades occidentales (Moissac, Beaulieu) ou « jugements derniers » (Conques, Autun), que complètent, sur les tympans latéraux, des thèmes iconographiques secondaires (Ascension, Pentecôte). Certains tympans sont dépourvus de sculptures, mais adoptent un appareil polychrome : cathédrale du Puy et église de Monastier-sur-Gazeille en Haute-Loire.

Reprenant et complétant le sujet traité sur le tympan, la sculpture gagne les linteaux et les piédroits des portails. Les portes, quant à elles, sont constituées de massives pièces de chêne, sculptées ou simplement recouvertes de cuir, assemblées par des pentures. Simples à l'origine, ces pentures se compliqueront de fleurons et de volutes, dont les enroulements assurent de manière esthétique la solidarité des panneaux de bois.

Parmi les plus célèbres portails romans, on retiendra ceux de Vézelay, Charlieu, Saint-Lazare d'Autun, La Charité-sur-Loire, Moissac, Saint-Gilles-du-Gard.

D'une facture encore lourde et maladroite au XIe siècle, les chapiteaux gagnent en élégance au XIIe. Les sculpteurs s'inspirent du modèle corinthien, adaptant sa forme de corbeille à leur fantaisie. Dans un premier temps, ils interprètent à leur guise la découpe complexe des feuilles d'acanthe, ou appliquent sur la corbeille des chapiteaux volutes, rinceaux, motifs géométriques. Puis, s'affranchissant du modèle antique, ils les garnissent d'animaux fantastiques, figures grimaçantes, démons effrayants... Les chapiteaux historiés apparaissent : les sculpteurs y composent de véritables scènes inspirées de l'Ancien et du Nouveau Testament, de légendes saintes et de chroniques contemporaines, ou même de leurs propres fantasmes.

Il arrive encore que les constructeurs romans, influencés par l'Antiquité, appliquent sur le fût de leurs colonnes des cannelures ou des rinceaux. Mais fréquemment, ils laissent libre cours à leur imagination : ainsi nombre de colonnes, le plus souvent de petites ou moyennes dimensions (cloîtres, portails...) sont-elles brisées en zigzags, ou vrillées en torsades...

Élément de raidissement des parois, les arcatures se prêtent aisément à leur ornementation :

Planche VII DÉCOR D'ARCHITECTURE

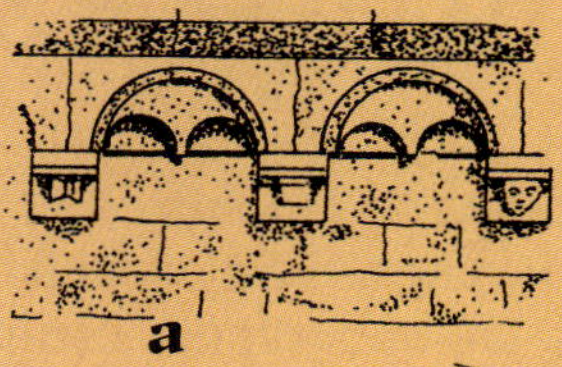

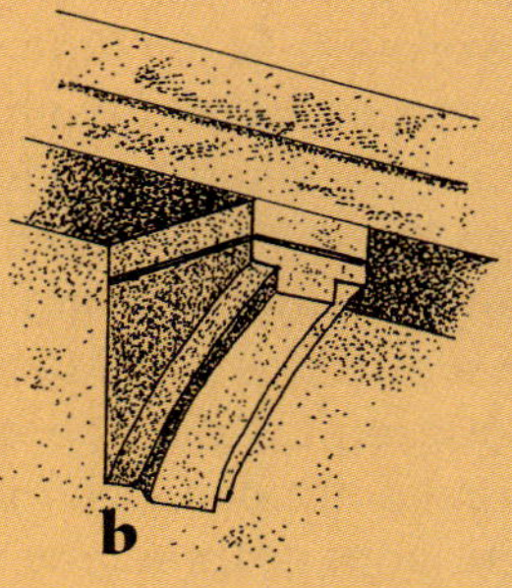

a - corniche sur arcatures

b - modillon roman

c - modillon à copeaux

Saint-Benoît-sur-Loire (Loiret) : l'un des chapiteaux de la tour-porche, représentant la Fuite en Égypte (photo Hervé Champollion).

elles accostent fenêtres, baies et portails, animent absides, chevets, façades et clochers. Pour leur part, les corniches peuvent n'être formées que de simples tablettes, mais plus souvent, elles sont constituées d'une succession de *modillons* ou d'arcatures (Pl. VII. a, b, c). La corniche à tablette, généralement employée dans les églises modestes, consiste en une simple assise en surplomb, dont l'extrémité saillante, taillée en biseau, peut présenter un motif sculpté. La corniche à *modillons* offre une tablette portée par de petits encorbellements ornés de façon plus originale (figures grimaçantes, animaux fabuleux...). La corniche en arcatures est formée d'une tablette portée par des petits arcs. Parfois encore (comme en Bourgogne, Auvergne, Provence et Sud-Ouest), les corniches se réduisent à un bandeau en forte saillie et orné de frises.

LES ÉCOLES romanes

L'unité de style de l'architecture romane ne saurait être assimilée à de l'uniformité. La topographie, l'état des routes et les difficultés de communication qui en résultent, le morcellement politique de la France des XIe et XIIe siècles... divisent le territoire en de multiples petits États féodaux. Les provinces développent donc, en fonction de leurs traditions architecturales, des modes de bâtir qui leur sont propres : ce sont les écoles régionales. Dans chacune de ces provinces prédomine un type : on le caractérise par les rapports d'équilibre établis entre la voûte-maîtresse (nef) et les voûtes latérales (collatéraux), par le type même des voûtes, par le plan adopté, notamment au niveau du chœur (abside, absidioles, déambulatoire...), et enfin par des spécificités secondaires, telles que la nature des matériaux et leur mise en œuvre, le traitement de l'ornementation, le type de clocher... Les pages suivantes dégagent les caractères essentiels de ces écoles. Pourtant, des frontières régionales imprécises favorisent les interpénétrations : on se gardera donc de penser que l'unité de style est de rigueur pour tous les édifices d'une même province.

Normandie

Les églises normandes comportent généralement une nef, deux bas-côtés, un transept et une abside. Abside, collatéraux et parfois le chœur sont les seules parties voûtées de l'église. La nef est couverte d'une simple charpente jusqu'à l'époque gothique : l'absence de voûte permet d'ouvrir dans les murs latéraux, au-dessus des grandes arcades, de larges baies, devant lesquelles court souvent une galerie de circulation. L'abside est dépourvue de déambulatoire et d'absidioles ; elle est généralement précédée d'un chœur profond souvent flanqué de collatéraux s'arrêtant à la naissance de l'abside. Une tour-lanterne percée de nombreuses ouvertures est établie au-dessus de la croisée des transepts, éclairant directement le chœur. L'ensemble de l'édifice est spacieux, élancé, lumineux (Pl. VIII. 4 et IX. 3).

L'ornementation consiste pour l'essentiel en moulures encadrant arcatures, archivoltes ou grandes arcades et met à contribution les motifs géométriques : damiers, chevrons, frettes, dents de scies, étoiles, bâtons rompus...

Quelques édifices

Cette école couvre la Normandie, et son influence s'étend en Picardie, Vexin, Bretagne, Maine, pénétrant même, sous l'impulsion de Guillaume le Conquérant, en Angleterre et en Norvège... Les grandes abbayes de Caen, Jumièges, Saint-Wandrille, le Mont-Saint-Michel... favorisent sans aucun doute ce rayonnement important.

Cathédrale de Bayeux, Saint-Étienne, Saint-Nicolas et la Trinité à Caen, Saint-Gervais à Falaise, Ouistreham (Calvados) ; cathédrale d'Évreux, Notre-Dame-du-Pré à Pont-Audemer (Eure) ; Cerisy-la-Forêt, nef de l'abbatiale et église paroissiale du Mont-Saint-Michel, Lessay (Manche) ; Jumièges, Saint-Georges de Boscherville, Saint-Wandrille (Seine-Maritime)...

Ile-de-France

Les églises de cette région offrent beaucoup de similitudes avec celles de Normandie. Bas-côtés et transepts sont courants, même dans les édifices modestes. On observe des chevets plats, ou à abside unique ou encore avec déambulatoire à chapelles. Le chœur, les bas-côtés, le transept peuvent recevoir une voûte, mais jusqu'au milieu du XIIe siècle, la nef n'en possède pas. Les grandes arcades, en plein cintre au XIe siècle, adoptent dès le début du XIIe le tracé brisé.

L'ornementation conserve des formes figées et un dessin rudimentaire issus de la tradition carolingienne.

Quelques édifices

Cette école, souvent assimilée à l'école normande, est centrée dans l'ancien domaine royal ; elle pénètre de son influence la Picardie, l'Artois, la Champagne et les Flandres. Elle a produit de remarquables monuments, dont Saint-Denis, Sainte-Geneviève à Paris, la Trinité à Vendôme, Soissons, Chartres… rebâtis en partie ou en totalité à l'époque gothique.

Saint-Pierre de Soissons (Aisne) ; Vignory (Haute-Marne) ; Saint-Germer (Oise) ; Lillers (Pas-de-Calais) ; Saint-Germain-des-Prés (Paris) ; Château-Landon, Saint-Loup-du-Naud (Seine-et-Marne) ; Maule (Yvelines)…

Poitou

Les églises poitevines comprennent généralement une nef étroite que flanquent des bas-côtés, une abside précédée d'un chœur assez profond, un transept débordant avec absidioles. Les grandes églises monastiques développent un déambulatoire à chapelles rayonnantes, tandis que les modestes églises sont dépourvues de transept et de collatéraux.

La nef est couverte d'un berceau sans doubleaux. Les grandes arcades, généralement en plein cintre au XIe siècle et brisées au XIIe, s'élèvent jusqu'à la naissance des voûtes, interdisant le percement de fenêtres dans les murs de la nef. Celle-ci est éclairée indirectement grâce aux fenêtres des bas-côtés, ce qui rend les églises poitevines assez sombres. Les collatéraux, fréquemment étroits, reçoivent une voûte d'arêtes ou en plein cintre, dont la hauteur

La façade occidentale de la cathédrale d'Angoulême (Charente) développe un exceptionnel programme sculpté (XIIe siècle) (photo Hervé Champollion).

Abbatiale de Fontevraud (Maine-et-Loire) : au chœur élancé et lumineux, conforme à l'architecture romane ligérienne, s'oppose une nef plus large, dont les coupoles sur pendentifs attestent un rayonnement de l'école périgourdine jusqu'en Anjou
(photo Hervé Champollion).

atteint la naissance de la grande voûte centrale et assure équilibre et stabilité à la nef (Pl. VIII. 6).

Sur la croisée des transepts, une tour massive, à plusieurs rangées de baies, se termine par une toiture à quatre pans ou par une pyramide conique ou ovoïde, couvertes d'imbrications.

L'ornementation poitevine se singularise par sa richesse. Elle couvre des façades entières de sculptures originales : saints, monstres grimaçants, végétations abondantes où l'on retrouve toute l'exubérance de l'art oriental. Assez curieusement toutefois, le tympan des portails, qui dans d'autres provinces est prétexte à une véritable débauche ornementale, reste en Poitou d'une grande sobriété.

Quelques édifices

L'école poitevine rayonne sur la Saintonge, l'Angoumois, l'Anjou et la Guyenne.

Aulnay, Coulonges, Échillais, Esnandes, Fenioux, Saint-Eutrope à Saintes, Surgères (Charente-Maritime) ; Airvault, Bressuire, Saint-Hilaire, Saint-Savinien et Saint-Pierre à Melle, Sainte-Croix à Partenay, Saint-Jouin de Marnes (Deux-Sèvres) ; Cunault (Maine-et-Loire) ; La Chaize-Giraud, Foussais, Maillezay, Nieul-sur-l'Autize, Vouvant (Vendée) ; Saint-Martial, Saint-Pierre et Notre-Dame à Chauvigny, Sainte-Croix à Loudun, crypte de l'octogone de Montmorillon, Notre-Dame la Grande et Saint-Hilaire à Poitiers, Saint-Savin-sur-Gartempe (Vienne).

Périgord

Ce sont les coupoles sur pendentifs couvrant toute la nef qui caractérisent les églises périgourdines. Celles-ci ne présentent qu'une nef unique (hormis Saint-Front à Périgueux, dotée de collatéraux), large mais peu élevée (Pl. IX. 4), coupée, dans le cas de grands édifices, d'un transept largement débordant et couvert d'un berceau. Le chevet se termine ordinairement par un mur droit.

Pour ce qui est du décor sculpté, il est généralement d'une grande simplicité, tant pour les intérieurs que pour les extérieurs.

Quelques édifices

L'école périgourdine, à défaut de présenter des frontières nettement définies, rayonne largement au-delà du Périgord, en Saintonge, Angoumois, Limousin, Guyenne...

Cathédrale d'Angoulême, Cognac, Gensac, Fléac, Rouillac (Charente) ; cathédrale de Saintes (Charente-Maritime) ; Agonac, Paussac, Saint-Front, Saint-Étienne à Périgueux, Saint-Astier, Saint-Jean-de-Côle, Trémolat (Dordogne) ; cathédrale de Cahors, Souillac (Lot) ; nef de l'abbatiale de Fontevraud (Maine-et-Loire)...

Provence

Les églises provençales n'ont qu'une nef aux murs épais, abritée sous un berceau plein cintre ou brisé. Les collatéraux, quand ils existent, sont étroits et couverts d'un demi-berceau ou d'un berceau ovoïde, dont la hauteur reste inférieure à celle de la nef : ils ne peuvent donc en assurer la stabilité. Par contre, ils dégagent, au-dessus des grandes arcades, une surface que l'on peut percer de petites fenêtres (Pl. VIII. 2).

De faible élévation, ces églises sont généralement dépourvues de déambulatoire ; des dalles de pierre posées directement sur les voûtes, sans charpente, constituent une toiture peu pentue.

L'ornementation est plutôt sobre, et s'inspire des modèles antiques, abondants dans cette province : pilastres à cannelures, chapiteaux corinthiens fidèlement reproduits, perles, oves, grecques, voire ordonnance classique (fronton, entablement, colonnades)...

Quelques édifices

L'école provençale est cantonnée dans d'étroites limites autour d'Arles et du Comtat Venaissin.

Cathédrale d'Aix-en-Provence, Saint-Trophime d'Arles, Saintes-Maries-de-la-Mer, Saint-Victor à Marseille, Montmajour, Saint-Paul-de-Mausole (Bouches-du-Rhône) ; Saint-Gilles (Gard) ; Saint-Guilhem-du-Désert (Hérault) ; cathédrale d'Apt, Notre-Dame-des-Doms à Avignon, Cavaillon, cathédrale d'Orange, Sénanque, cathédrale de Vaison (Vaucluse)...

Parfaite illustration de l'école romane auvergnate, Notre-Dame-du-Port à Clermont-Ferrand (Puy-de-Dôme). À la croisée des transepts, une coupole sur trompes, reposant sur quatre arcs diaphragmes (photo Hervé Champollion).

Auvergne

L'école auvergnate, l'une des plus originales, présente des caractéristiques très marquées. La nef est couverte d'un berceau plein cintre sans doubleaux ; elle est contrebutée par les demi-berceaux couvrant les collatéraux, disposition qui interdit l'ouverture de baies au-dessus des grandes arcades : l'église est donc éclairée indirectement, par les fenêtres des bas-côtés et de l'abside (Pl. VIII. 1 et IX. 2).

Le carré du transept est couvert d'une coupole sur trompes, sur laquelle est érigée une tour octogonale. Les églises importantes reçoivent un chœur ceint d'un déambulatoire à absidioles et des tribunes s'ouvrent sur la nef.

Le décor trahit son attachement aux traditions romaines et carolingiennes, tandis que certains éléments, tels que les arcs festonnés, attestent une influence arabe... Mais la plus grande originalité de l'ornementation réside dans l'emploi de matériaux de couleurs différentes (pierres, lave) appareillés de manière à constituer de véritables mosaïques.

Quelques édifices

L'école auvergnate, fortement inspirée par les religieux des abbayes de La Chaise-Dieu, Ébreuil, Brioude, Saint-Nectaire, Orcival... s'étend en Puy-de-Dôme, Cantal, Allier, Haute-Loire, et rayonne jusqu'en Poitou, Bourgogne, Périgord.

Saint-Pourçain (Allier) ; Saint-Saturnin (Cantal) ; Saint-Julien à Brioude (Haute-Loire) ; Notre-Dame-du-Port à Clermont-Ferrand, Saint-Nectaire, Orcival, Saint-Genès à Thiers, Saint-Austremoine à Issoire (Puy-de-Dôme)...

Languedoc

L'école languedocienne s'inspire des modèles poitevins, périgourdins et auvergnats. Elle produit cependant des édifices d'une grande qualité, généralement élevés en briques. Comme en Auvergne, les églises du Languedoc présentent une nef, des bas-côtés portant tribunes, un transept saillant, un déambulatoire à chapelles rayonnantes, une tour octogonale établie au-dessus du carré du transept. L'ensemble offre cependant plus de clarté, et est traité avec plus de finesse.

Cette province du Languedoc verra fleurir l'originale école de sculpture toulousaine, dont la production ornementale, remarquable, eut en France une influence indéniable (portail et cloître de Moissac, portail de Beaulieu, déambulatoire de Saint-Sernin à Toulouse...).

Quelques édifices

L'école languedocienne s'étend au sud et à l'est de la Loire jusqu'au nord de l'Espagne et du Portugal.

Sainte-Foy à Conques (Aveyron) ; Chateaumeillant (Cher) ; Beaulieu, Obazine, Uzerche (Corrèze) ; Saint-Gaudens, Saint-Sernin à Toulouse (Haute-Garonne) ; Le Puy (Haute-Loire) ; Saint-Martial à Limoges (détruit), Le Dorat, Saint-Léonard (Haute-Vienne)...

Bourgogne

Fréquemment dépourvues de déambulatoire, les églises bourguignonnes montrent une nef centrale, souvent voûtée d'un berceau brisé, plus rarement d'un plein cintre. Son élévation est généralement telle qu'on peut percer ses murs latéraux au-dessus des collatéraux, entre le sommet des grandes arcades et la naissance de la voûte. Ces dispositions permettent un éclairage direct et abondant, et donnent aux églises bourguignonnes beaucoup d'élégance (Pl. VIII. 5 et IX. 1). On notera l'originalité de Tournus, dont la nef est couverte d'une suite de petits berceaux en plein cintre perpendiculaires à son axe.

La Bourgogne présente une école de sculpture remarquable. Elle s'inspire de l'art antique dans les pilastres cannelés et les chapiteaux, et de l'art lombard dans les arcatures. Le tympan des portails s'orne de grandes compositions d'un profond sentiment religieux, les archivoltes sont recouvertes d'une riche ornementation contrastant avec une statuaire aux proportions démesurément allongées.

Quelques édifices

La Bourgogne est le berceau des ordres prestigieux de Cîteaux et de Cluny dont les filiales furent pour la Chrétienté autant de modèles culturels. Son école a de ce fait rayonné bien au-delà de ses frontières régionales, s'étendant en Franche-Comté, sur une partie du Nivernais, du Lyonnais, de la Champagne, et fit ressentir ses effets jusqu'en Suisse, Espagne et Italie.

Beaune, Saint-Benigne à Dijon (Côte-d'Or) ; porche de Charlieu (Loire) ; Saint-Didier à Langres (Haute-Marne) ; Anzy-le-Duc, Autun, Saint-Nazaire à Bourbon-Lancy, abbatiale de Cluny, Paray-le-Monial, Semur-en-Brionnais, Tournus (Saône-et-Loire) ; cathédrale d'Auxerre, Avallon, Saint-Savinien à Sens, Vézelay (Yonne)...

Rhénanie

Les constructions rhénanes présentent fréquemment un plan à deux absides (à l'est et à l'ouest), et des transepts terminés en hémicycle (l'église des Saints-Apôtres à Cologne possède même un double transept). À partir du XIIe siècle, les églises rhénanes sont couvertes de voûtes d'arêtes fortement bombées, permettant d'ouvrir, au-dessus des grandes arcades, des fenêtres éclairant directement la nef. Les arcs sont en plein cintre (Pl. VIII. 3). Une tour est souvent établie à la rencontre des transepts et de l'abside, en plus de celles pouvant orner la façade ou la croisée des transepts : aussi l'ensemble paraît-il imposant. Les clochers rhénans sont caractéristiques : ils sont surmontés d'une flèche à quatre versants, dont les arêtes correspondent au sommet des pignons de la tour. Ces clochers sont dits *rhomboïdaux*.

L'ornementation se singularise par son extrême sobriété : les arcades de la nef et du chœur ne présentent aucune moulure, les chapiteaux affectent une forme cubique. À l'extérieur, elle se limite à l'emploi de bandes lombardes et de galeries à niches autour des absides.

Quelques édifices

Cette école, apparue sous le règne de Charlemagne et fortement inspirée par la tradition lombarde, se développe non seulement en Rhénanie, mais aussi en Lorraine, Alsace, Franche-Comté, Belgique, Suisse, Hollande…

Cathédrale de Besançon (Doubs) ; Baume-les-Messieurs, Saint-Lothain (Jura) ; Charleville (Marne) ; cathédrale de Verdun (Meuse) ; cathédrale de Nevers (Nièvre) ; Avolsheim, Rosheim, Dorlisheim, Marmoutier, Guebwiller, Muntzig,

Planche VIII Les écoles régionales

1 - Auvergne
2 - Provence
3 - Rhénanie
4 - Normandie
5 - Bourgogne
6 - Poitou

Sainte-Foy à Sélestat (Bas-Rhin et Haut-Rhin) ; cathédrale et Notre-Dame de Saint-Dié, Saint-Maurice à Épinal, Senones (Vosges)...

Églises fortifiées

Dès la fin du Xe siècle, l'usage de fortifier les églises se répand en France, et plus particulièrement dans le Midi. Elles reprennent généralement le plan en usage dans les contrées où elles sont élevées. Leur singularité est d'adopter des dispositions défensives : à une époque où les désordres étaient fréquents, il était naturel que l'église devînt le refuge non seulement des âmes mais aussi des corps (l'aire d'inviolabilité instituée par les trêves de Dieu s'étendait à trente pas autour de l'édifice)...

L'église fortifiée présente donc des murs extrêmement épais, renforcés par de solides contreforts ; ceux-ci peuvent être réunis par des arcs en encorbellement portant des mâchicoulis. Un chemin de ronde crénelé et armé d'archères couronne le sommet de l'édifice. Un pont-levis peut défendre l'entrée et le clocher devenir refuge. Il n'est pas rare qu'échauguettes et bretèches (logettes défensives en saillie sur les murs) complètent ces dispositions guerrières et achèvent de donner à l'église des allures de forteresse.

Quelques édifices

Cruas (Ardèche) ; Saintes-Maries-de-la-Mer (Bouches-du-Rhône) ; Agde, Maguedonne (Hérault) ; Royat (Puy-de-Dôme) ; La Boupère (Vendée) ; Presles (Aisne)...

Le chœur de l'abbatiale clunisienne de Saint-Benoît-sur-Loire (Loiret) présente une élévation tripartite (grandes arcades du déambulatoire, faux triforium et fenêtres hautes) (photo Hervé Champollion).

Églises troglodytiques

On notera l'existence d'églises troglodytiques, qui, sur le plan d'églises ordinaires, sont taillées au flanc d'une colline ou d'une falaise. Les côtés correspondant à la paroi rocheuse sont évidemment aveugles : en conséquence, ce type d'église n'est éclairé que du côté appareillé. Un clocher marque l'édifice, surmontant la paroi dans laquelle il est creusé.

Quelques édifices

Gurat et Aubeterre-sur-Dronne en Charente, Saint-Émilion en Gironde.

Églises monastiques

Dans une France médiévale morcelée en de multiples États féodaux, les monastères sont des institutions fortement structurées, dont les abbés savent mobiliser talents et énergies au service de Dieu. Organisant de véritables campagnes de construction dans toute la Chrétienté, ils impriment à leurs établissements une unité des formes qui caractérise chacun des grands ordres monastiques.

Ainsi, les Bénédictins, amis du luxe et sensibles aux fastes liturgiques, développent particulièrement leurs chœurs et absidioles, transepts et déambulatoires, qu'ils enrichissent d'une ornementation sculptée importante, tant à l'intérieur qu'à l'extérieur. Adoptant les plans, les élévations, le type de voûte, les matériaux des régions où elles s'implantent, les églises bénédictines ne présentent pas de

L'église cistercienne du Thoronet (Var) réduit l'élévation de la nef à un niveau unique (celui des grandes arcades) (photo Hervé Champollion).

spécificité à proprement parler, si ce n'est leur adaptation à la vie conventuelle.

Les Cisterciens quant à eux visent à l'économie des lignes et au dépouillement. Réduisant l'ornementation au minimum, ils renoncent même aux chapiteaux historiés dont les sculpteurs romans furent prodigues, substituent aux vitraux colorés des verrières incolores, réduisent les élévations à deux étages en supprimant le triforium. Le chevet de leurs églises est généralement plat, mais on en trouve de circulaires ou polygonaux. Les transepts fortement saillants comportent des chapelles souvent carrées et voûtées en berceau.

Quelques églises bénédictines

Jumièges et Saint-Georges de Boscherville (Seine-Maritime), Saint-Benoît-sur-Loire (Loiret) ; Saint-Étienne et la Trinité à Caen (Calvados) ; Le Bec-Hellouin (Eure) ; Cerisy-la-Forêt (Manche) ; La Charité-sur-Loire (Nièvre)...

Quelques églises cisterciennes

Fontenay et Pontigny (Côte-d'Or) ; Silvacane (Bouches-du-Rhône) ; Le Thoronet (Var) ; Noirlac (Cher) ; Aubazine (Corrèze) ; Sylvanès (Aveyron) ; Fontfroide (Aude) ; Sénanque (Vaucluse)...

Planche IX

LES ÉCOLES RÉGIONALES

1 - Bourgogne **3 - Normandie**
2 - Auvergne **4 - Périgord**

L'architecture romane en Europe

Ce sont les Normands, qui, sous le règne de Guillaume le Conquérant, introduisent l'art roman en **Angleterre**. Aussi l'architecture romane anglaise partage-t-elle de très nombreux points communs avec l'école normande (caractéristiques page 24).

Quelques édifices, la plupart ayant reçu une voûte de pierre à l'époque gothique

Chapelle Saint-Jean de la Tour de Londres, cathédrales d'Ely, Exeter, Durham, Peterborough, Winchester, Canterbury, Norwich, Rochester...

On distingue, pour l'**Italie**, deux courants : l'école *pisane*, qui orne les façades des églises toscanes d'arcatures superposées, et l'école *lombarde*, qui fait un large emploi des bandes lombardes. D'une façon générale, les églises romanes italiennes sont couvertes de simples charpentes, et les voûtes de pierre restent exceptionnelles.

Quelques édifices

Églises de Pise, Lucques, Pistoia pour l'école pisane ; église Saint-Zénon et la cathédrale de Vérone, cathédrale de Parme, Saint-Ambroise à Milan, Saint-Michel à Pavie pour l'école lombarde.

Pour sa part, l'**Espagne** compte de très nombreux édifices romans. L'influence française s'y fait nettement ressentir, résultant des Croisades, de l'influence des ordres monastiques, de la proximité géographique de l'école languedocienne et du pèlerinage de Saint-Jacques-de-Compostelle. Ainsi retrouve-t-on le modèle bénédictin à Salamanque, Tarragone, Léon et en Navarre, tandis que le Languedoc marque l'abbaye de Sahagun et la cathédrale de Jaca... Mais l'Espagne s'enrichit encore d'éléments empruntés à l'architecture musulmane tels les arcs polylobés : Saint-André à Cuellar...

Quelques édifices

Saint-Vincent à Cardona, Saint-Pierre à Caserres, Saint-Martin à Fromista, Santillana del Mar, cathédrales de Zamora et de Salamanque, basilique de Saint-Jacques-de-Compostelle...

L'école rhénane (caractéristiques page 28) inspire fortement la **Germanie** (église des Saints-Apôtres de Cologne, cathédrales de Spire, Worms, Trèves, Mayence, les églises de Coblentz et de Laach...) ; la **Belgique** (cathédrale de Tournai) ; la **Hollande** (églises de Ruremonde et de Maëstricht)...

Loin du prestige des établissements bénédictins, le chevet de l'abbaye cistercienne de Sénanque (Vaucluse) doit sa splendeur à la seule pureté de ses lignes et volumes (photo Hervé Champollion).

En première de couverture :
Le chevet de l'église du Thoronet (photo Hervé Champollion).

En dernière de couverture :
L'étagement des volumes de l'église de Saint-Nectaire (Puy-de-Dôme) est typique de l'école romane auvergnate (photo Hervé Champollion).

En page de titre : **Notre-Dame-du-Port à Clermont-Ferrand (Puy-de-Dôme) : chapiteau historié montrant deux chevaliers** (photo Hervé Champollion).

Croquis, plans, coupes : dessins de l'auteur.

I.S.B.N. 2.7373.2151.4 - Dépôt légal : avril 1997 - N° d'éditeur : 3538.03.06.01.99
Technic Plus Impression, Betton (35)